# 어린이
# 첫 사회성
# 사전

글 조안 루엘로스 디아즈
그림 아넬리스
옮김 서남희

을파소

# 나와 너, 세상을 안아 주는 말 100개

## 나의 감정은 소중해요

| | |
|---|---|
| 감격 | 6-7 |
| 고마움 | 8-9 |
| 긴장 | 10-11 |
| 당황 | 12-13 |
| 두려움 | 14-15 |
| 만족 | 16-17 |
| 벅참 | 18-19 |
| 부끄러움 | 20-21 |
| 불안 | 22-23 |
| 불쾌 | 24-25 |
| 사랑 | 26-27 |
| 샘 | 28-29 |
| 수줍음 | 30-31 |
| 슬픔 | 32-33 |
| 신남 | 34-35 |
| 실망 | 36-37 |
| 외로움 | 38-39 |
| 유쾌 | 40-41 |
| 의지 | 42-43 |
| 자부심 | 44-45 |
| 좌절감 | 46-47 |
| 지루함 | 48-49 |
| 혼란 | 50-51 |
| 화 | 52-53 |
| 환영 | 54-55 |

## 우리는 함께 성장해요

| | |
|---|---|
| 가치 | 56-57 |
| 건강 | 58-59 |
| 격려 | 60-61 |
| 나다움 | 62-63 |
| 독립심 | 64-65 |
| 동의 | 66-67 |
| 마음챙김 | 68-69 |
| 믿음 | 70-71 |
| 사과 | 72-73 |
| 선택 | 74-75 |
| 성취 | 76-77 |
| 실수 | 78-79 |
| 실패 | 80-81 |
| 역량 | 82-83 |
| 연습 | 84-85 |
| 우정 | 86-87 |
| 자기 이해 | 88-89 |
| 자신감 | 90-91 |
| 장점 | 92-93 |
| 지원 | 94-95 |
| 지혜 | 96-97 |
| 창의성 | 98-99 |
| 책임감 | 100-101 |
| 호기심 | 102-103 |
| 회복 탄력성 | 104-105 |

## 서로의 다름을 존중해요

| | |
|---|---|
| 가족 | 106-107 |
| 경청 | 108-109 |
| 공동체 | 110-111 |
| 공정 | 112-113 |
| 관계 | 114-115 |
| 능력 | 116-117 |
| 다양성 | 118-119 |
| 몸 | 120-121 |
| 문화 | 122-123 |
| 민족 | 124-125 |
| 발전 | 126-127 |
| 배움 | 128-129 |
| 성별 | 130-131 |
| 소속감 | 132-133 |
| 신경다양성 | 134-135 |
| 유일함 | 136-137 |
| 의견 차이 | 138-139 |
| 인종 | 140-141 |
| 인종 대표성 | 142-143 |
| 장애 | 144-145 |
| 전통 | 146-147 |
| 정체성 | 148-149 |
| 존중 | 150-151 |
| 종교 | 152-153 |
| 포용력 | 154-155 |

## 세상이 점점 변화해요

| | |
|---|---|
| 경계 | 156-157 |
| 공감 | 158-159 |
| 끈기 | 160-161 |
| 목표 | 162-163 |
| 반인종차별주의 | 164-165 |
| 소통 | 166-167 |
| 실천주의 | 168-169 |
| 영감 | 170-171 |
| 용기 | 172-173 |
| 응원 | 174-175 |
| 자원봉사 | 176-177 |
| 자유 | 178-179 |
| 정의 | 180-181 |
| 정직 | 182-183 |
| 참을성 | 184-185 |
| 축하 | 186-187 |
| 친절 | 188-189 |
| 타협 | 190-191 |
| 페미니즘 | 192-193 |
| 평화 | 194-195 |
| 협력 | 196-197 |
| 협력자 | 198-199 |
| 환경 보호 | 200-201 |
| 휴식 | 202-203 |
| 희망 | 204-205 |

**부모를 위한 가이드** 206-207

# 나와 너, 세상을 안아 주는
# '어린이 첫 사회성 사전'

어떤 것을 설명하려고 할 때 딱 맞는 말을 찾으면
기분이 좋아지고 자신감이 생겨요.

이 책은 뛰어난 마음챙김 명상 교육자인 윈 킨더 교육학 박사의 도움을 받아
세심하게 고른 100개의 중요한 말로 이루어져 있어요. 모두 나 자신과
나를 둘러싼 세상을 이해하는 데 도움을 주는 단어들이지요.

이 책은 네 부분으로 구성되어 있어요.

### 나의 감정은 소중해요
누구나 느끼는 감정들을 세세하게 살펴봐요.

### 우리는 함께 성장해요
더 멋진 사람이 되는 방법을 알 수 있어요.

### 서로의 다름을 존중해요
저마다의 아름다움을 살펴볼 수 있어요.

### 세상이 점점 변화해요
더 나은 세상으로 만드는 방법을 배울 수 있어요.

<u>책장을 넘기며 이런 것들을 훈련해요.</u>

✳ 일상생활에서 경험할 수 있는 예를 찾아보기
✳ 스스로에게 긍정적으로 말하는 연습하기
✳ 숨을 바르게 쉬고 요가 자세를 하며 마음 챙기기
✳ 궁금한 것은 물어보고, 호기심을 좇기
✳ 나와 주변 사람들에게 따스하게 대하기


자, 이제 얼른 책장을 넘겨 읽어 보세요.
어휘력뿐 아니라 마음과 생각도 쑥쑥 자랄 거예요.

> 나의 감정은 소중해요

# 감격

**감격**은 내가 살아가면서 느끼고 경험하는 것들에 대해 마음속 깊이 감사함을 느끼는 감정이에요.

우리는 감각을 통해 감사할 거리를 찾을 수 있어요.
눈으로 아름다운 것을 볼 수 있고,
귀로 다정한 목소리를 들을 수 있어요.
코로 맑고 상쾌한 공기 냄새를 맡을 수 있으며
손으로는 사랑하는 사람을 껴안을 수 있지요.

친구나 가족과 놀이를 하며 **감격**한 일을 찾아보세요.
순서대로 돌아가면서 서로에게 물어보아요.

우리 몸에 감사한 점은
무엇인가요?

가족들에게 감사한 점은
무엇인가요?

우리 동네에서 감사한 분은
누구인가요?

자연환경에 감사한 점은
무엇인가요?

이 놀이는 여러 번 되풀이해도 좋아요.
우리 주변에 감사할 거리가 정말 많으니까요.

# 고마움

**고마움**은 도움을 받았을 때 느껴지는
따뜻하고 흐뭇한 마음이에요.

누군가가 우리에게 친절을 베풀거나, 배려한다고 느끼면
고마운 마음이 들어요. 그럼 자연스레 고마움을 표현하게 되지요.

고맙다는 인사를 받은 주위 사람들은 존중받았다는 느낌을 받아요.
우리의 한마디에 기분이 좋아지는 거예요!

다른 사람들이 친절을 베풀거나 배려하는 행동을 할 때,
잘 알아차릴 수 있나요? 누군가 나에게 간식을 만들어 준 적이 있나요?
친구가 나에게 그네를 양보해 주었나요?

우리를 아끼는 사람들이 있다는 것은 정말 행운이에요.
**고마운** 마음을 표현하는 방법은 간단해요. 이렇게 말해 보세요.

"감사합니다!"

"정말 다정하구나!"   "어쩜 그렇게 친절하니!"

다른 사람에게 고마운 마음을 전하면
우리의 기분도 좋아질 거예요.

# 긴장

**긴장**하면 불안하고 초조한 기분이 들어요.
어떤 일을 하려고 할 때 불편한 느낌이 들기도 해요.
가끔은 겉으로 신나 보여도 속으로 긴장하기도 하지요.

누구나 긴장할 때가 있어요.
경험이 많은 어른조차 말이에요.

다음에 **긴장**하게 되면 우스꽝스러운 행동을 떠올려 보세요.
웃긴 표정을 짓거나, 재미있는 동작을 해 보아요.

아마 웃음이 터져 나올 거예요. 웃음은 긴장을 풀고 초조한 마음을
달래는 데 아주 좋아요. 웃으면 정말 즐겁잖아요!

# 당황

다른 사람에게 보여 주고 싶지 않은 모습을 누군가 보게 되면
**당황**스러운 마음이 들어요.
당황스러우면 놀란 마음에 어떻게 해야 할지 모를 거예요.

당황스러울 때는 얼굴이 빨개질 수 있어요.

눈물이 글썽글썽해질 수도 있고요.

숨고 싶거나 소리를 지르고 싶은 기분이 들 수도 있지요.

이것만은 꼭 기억해요!
여러분이 믿는 사람에게 "난 **당황**스러워."라고 털어놓으면
그 감정이 작아지거나 심지어 스르르 사라질 수도 있답니다.

때에 따라서는 나뿐만 아니라
다른 친구들이 당황스러움을 느낄 수도 있어요.
그럴 때는 친구들의 기분이 나아질 수 있도록
이렇게 말해 보세요.
"너만 그런 게 아니야. 나도 그랬어!"

가끔 우리는 스스로의 기분 때문에 외로워지기도 해요. 하지만 누구나
비슷한 감정을 느낄 수 있다는 것을 알면 훨씬 도움이 된답니다.

# 두려움

**두려움**은 무서워서 겁에 질리거나 불안을 느낄 때 드는 감정이에요.
두려울 때는 숨을 참게 되고, 눈을 꼭 감거나,
안전한 곳을 찾아 숨고 싶어져요.

다람쥐처럼 나무 위로
뽀르르 달아나고도 싶고,
거북이처럼 쏙 숨고 싶기도 해요.

강아지처럼 낑낑대거나
으르렁거리며 화를 내기도 하지요.

누구나 **두려움**을 느낄 때가 있어요.
그러나 용감해져야 할 때도 있지요.
용감하다는 것은 두려운 상황에서도 씩씩하게 용기를 내는 거예요.

자, 용감해지는 연습을 해 볼까요?

기린처럼
꼿꼿하게 서기

양손을 배 위에
살짝 대기

코로 숨을 들이마시면서
배가 볼록해지는 것을 느끼기

천천히 숨을 내쉬고,
"나는 용감해."라고 말하기

# 만족

너무 덥거나 춥다고 느껴질 때가 있지요?
하지만 또 어떤 때에는 딱 알맞다고 느낄 수도 있을 거예요.
이렇게 몸과 마음이 함께 편안할 때 **만족**스럽다고 느껴요.

만족스러울 때는 마음이 평온해요.
내가 있는 곳, 함께 있는 사람, 내가 하고 있는 일에서 기쁨을 느끼지요.

**만족**을 느끼는 데 도움을 주는 건 무엇일까요?
잘 모르겠다면, 다음에 그런 기분이 들 때 주의를 기울여 보세요.

평화로운 마음이 들 때 내 주위는 어떤 모습인가요?

나는 무엇을 하고 있나요?

어떤 소리와 냄새에 만족을 느끼나요?

이렇게 세세한 것들을 알아차리면
앞으로 내가 무엇을 할 때 만족스럽고,
편안한 마음을 더 많이 느끼는지 알 수 있을 거예요.

# 벅참

감당할 수 없을 만큼 버겁다고 느낄 때 **벅차다**고 해요.

너무 많은 것들이 보여서 눈앞이 어지럽고,
들리는 소리가 많거나, 머릿속에 너무 많은 생각이 꽉 차 있을 때
벅차다는 느낌을 받지요.

좋은 일이 한꺼번에 몰려도 혼란스럽거나, 스트레스를 받을 수 있어요.

**벅찬** 느낌이 들 때 몸을 진정시키면 머릿속도 차분해져요.
조용한 곳에서 몸을 차분하게 가라앉히는 연습을 해 보세요.

손바닥을 마주 대기

두 손을 심장에 올려 두기

숨을 들이마시고 내쉬기

다시 숨을 들이마시고, 내쉬어요.
그리고 "나는 한 번에 한 가지씩 할 수 있어."라고 말해요.

# 부끄러움

**부끄러움**은 어떤 실수나 잘못을 했을 때 느끼는 감정이에요.
혼자 있을 때 느낄 수도 있고,
다른 사람들 때문에 느낄 수도 있지요.

숨이 막힌 것처럼 가슴이 답답해져요.

투명 인간이 되고 싶어요.

옴짝달싹하지 못하는 기분이 들어요.

내 장난감을 네가 망가뜨렸어!

**부끄러움**은 다루기 어려운 감정일 수 있어요.
부끄러울 때는 조용히 혼자 있고 싶거나
다른 사람들의 눈을 피해 숨어 버리고 싶을 거예요.
하지만 부끄러움을 느낄 때, 나를 아끼는 사람에게
이야기를 털어놓는다면 기분이 훨씬 나아질 수 있어요.

이것만은 꼭 기억하세요!
친구들과 가족은 언제나 여러분을 사랑한답니다.

# 불안

**불안**은 어떤 일이 일어날 것만 같아 걱정하는 마음이에요.

무슨 일이 일어날지 모르면 마음이 불편할 거예요.
모르고 있다는 그 느낌이 신경 쓰이기도 하겠지요.

불안은 조금 곤란한 감정이에요. 왜냐하면 걱정하는 일이
하나도 일어나지 않았는데도 느껴지니까요.

**불안**할 때 우리 몸은 다양하게 반응해요.
주먹을 불끈 쥐거나, 가슴이 조마조마해
심장이 더 빠르게 콩닥거리기도 하지요.

이럴 때는 한 손을 가슴에, 다른 한 손을 배에 올려놓아요.
그리고 코로 숨을 천천히 들이마시고 이렇게 해 보세요.

두근대는 가슴으로
숨을 천천히 내보내기

팔딱팔딱 뛰는 심장으로
숨을 내쉬기

활짝 펼친 손바닥으로 숨을 보내기

그리고 스스로에게 이렇게 말해 보세요.
"나는 안전해. 나는 사랑받고 있어. 나는 최선을 다할 수 있어."

# 불쾌

누가 내 기분을 상하게 하는 말이나 행동을 하면 **불쾌**해져요.
그럴 땐 상대방에게 내 기분을 알려도 돼요.
내 기분을 상하게 한 친구에게 이렇게 말해 보세요.

"그만하면 좋겠어."

"그런 말을 하면 내 기분이 나빠."

"너의 장난이 마음에 들지 않아."

그러면 다음에는 친구가 주의할 거예요.

때로는 내가 한 말이나 행동 때문에 친구가 **불쾌**함을 느낄 수도 있어요.

누구든 친구에게 실수할 수 있어요.
나의 실수로 누군가 불쾌해졌다는 걸 알게 되면 이렇게 해 보세요.

1. 잠깐 생각해 보기
2. 다시 돌아와서 나의 실수에 대해 설명하기
3. 상황을 해결하기

다른 사람의 기분을 상하게 했다면
다음에는 더 조심스럽게 행동하도록 해요.

# 사랑

**사랑**은 소중히 여기고 아끼는 마음이에요.
사랑받고 있다고 느끼면 안심이 되고, 보살핌을 받는 기분이 들어요.

내가 사랑받고 있다는 것은 이런 것들을 보면 알 수 있어요.

우리 가족은 나를 사랑하는 마음을 어떻게 보여 주나요?
나는 가족에게 사랑을 어떻게 표현하나요?

내가 가족을 **사랑**하는 것처럼, 나 자신을 사랑할 수 있어요.
스스로를 소중히 여길 줄 알면 더 많은 것을 포용할 수 있지요.

알록달록한 구슬이나 털실을
활용해 팔찌를 만들어 보아요.

내가 사랑하는 사람 중
누구에게 선물할지 생각해요.
스스로에게 선물해도 좋아요.

"사랑해요."라고 쓴 카드와 함께
직접 만든 팔찌를 선물해 보세요.

# 샘

다른 사람이 가진 것을 나도 갖고 싶어 할 때
**샘**이 날 수 있어요.

샘은 좌절이나 화, 슬픔과 같은
다른 감정들과 함께 생기기도 해요.

친구의 장난감과 물건이 갖고 싶거나,
관심을 받는 친구가 부러울 때 샘을 느낄 수 있어요.

**샘**이 날 때 이렇게 해 보세요.

어렵고, 힘들겠지만 여러분은 할 수 있어요.

# 수줍음

**수줍음**은 다른 사람 앞에서 말이나 행동하는 것이 자신 없고 부끄러울 때 느끼는 감정이에요.

특히 잘 모르는 사람 앞에서 수줍어할 수 있어요.

**수줍음**을 느끼면 몸과 마음이 굳어 버릴 수 있어요.
하지만 차근차근히 나를 보여 주면 돼요.

천천히 마음을 열어요.

시간이 걸려도 괜찮아요.

준비가 되었을 때 다가가요.

새로운 친구를 사귀어 봐요.

새 친구가 반겨 줄 거예요.

다른 친구가 수줍어할 때는 어떻게 해야 할까요? 어떻게 하면 친구의 마음을 편안하게 하고, 친구가 환영받는 기분을 느낄 수 있을까요?

# 슬픔

**슬픔**은 마음이 아프거나, 울고 싶을 때 느끼는 감정이에요.

다른 감정들처럼 아주 조금 느껴질 때도 있고,
아주 많이 느껴질 때도 있어요.

슬퍼지면 마음이 무겁고, 울적한 느낌이 들 거예요.
마음이 텅 빈 느낌이 들기도 하지요.
전에는 장난감이 가득했는데
지금은 아무것도 없는 상자처럼 말이에요.

**슬픈** 마음이 들 때는 자신을 토닥여 주세요.

마음이 편안해지는 곳을 찾아가거나
그런 공간을 직접 만들어 보세요.

그림 그리기, 책 읽기, 음악 듣기 같이 좋아하는 일을 하거나
사랑하는 사람과 이야기를 해 보아요.

내 마음을 달래는 데 도움을 주고,
위로받을 수 있는 방법이 무엇인지 찾아보세요.

# 신남

**신나면** 기운이 넘치고, 마음이 행복해요.
신이 나면 나도 모르게 몸을 움직이게 돼요. 이렇게 말이에요.

기뻐서 소리치기

박수 치기

두 팔을 활짝 펴기

팔짝팔짝 뛰기

빙글빙글 돌기

**신나는** 일은 아주 많아요.
여러분은 언제 신이 나나요?

기념일을 축하할 때

새로운 것을 발견할 때

깜짝 선물을 받을 때

신나면 몸이 어떤 느낌인가요?
그 느낌을 어떻게 표현할 수 있을까요?

# 실망

**실망**은 바라는 대로 되지 않을 때 느끼는 감정이에요.
바람 빠진 풍선이 된 것 같은 마음이지요.

맑은 날씨를 기대했는데
비가 내리면 실망스러워요.

가고 싶었던 곳에 못 갈 때도 마찬가지지요.

**실망**하는 마음에서 벗어나기 위한 첫걸음은
어떤 기분인지 정확히 말하는 거예요.
"난 이런 걸 바란 게 아니었어. 실망이야."
그런 다음 숨을 깊이 들이마셨다 내쉬면서
이렇게 말해 보세요.

"한 가지 좋은 점은······."

"다음에는 할 수 있을 거야."

"대신 어떤 것을 하면 좋을까?"

# 외로움

**외로움**은 누군가와 이야기하거나 놀고 싶지만
그럴 수 없을 때 느끼는 감정이에요.

친구들과 함께 어울리지 못할 때

내가 남과 다르다는 생각이 들 때

함께 있고 싶은 사람이 바쁠 때

흥미로운 사실은 많은 사람들도
나와 똑같이 외로움을 느낀다는 거예요.

## **외로움**을 느낄 때는 이렇게 해 보세요.

누군가에게 내 기분을 말하기

현실의 친구나 상상의 친구를 찾아보기

내 기분을 나아지게 할 만한 것을 부탁하기

조금 있으면 친구나 가족이 내 곁에 다가와 함께 이야기하거나 놀자고 할 거예요.

# 유쾌

즐거움을 발견하거나, 주변 사람들과 기쁨을 나눌 때면
**유쾌**하다고 느껴요.

유쾌한 마음이 들면 나도 모르게 폴짝폴짝 뛰게 돼요.
호기심에 사로잡혀서 오히려 차분해질 수도 있고요.
스스로 만족스럽고 뿌듯한 기분이 들기도 해요.

내가 **유쾌**하다고 느끼는 순간에 대해 생각해 보세요.

계절이 바뀔 때마다 나는 어떤 일로 즐거워지나요?

봄에 피어난 꽃을 발견할 때

여름에 더위를 식힐 때

가을에 바스락거리는
낙엽 위를 걸을 때

겨울에 부드럽고 포근한
털모자와 양말을 착용할 때

즐거운 순간들을 날마다 차곡차곡 기록해 보세요.

# 의지

**의지**란 내가 목표한 것을 이루려는 마음이에요.
목표는 내가 배우고 싶고, 스스로 해내고 싶은 걸 말해요.

의지가 강하면 실패해도
계속해서 도전할 수 있어요.

굳은 의지는 "난 할 수 있어."라고
말하며 스스로를 믿는 마음이지요.

### 굳은 **의지**는 생각에서부터 시작해요.

⭐ 배우고 싶거나, 해 보고 싶은 것을 곰곰이 생각해요.

⭐ 목표를 이룬 내 모습을 상상하고,
그 모습을 그리거나 글로 표현해 보아요.

⭐ 목표를 이루기 위해 할 수 있는 것을 한 가지 꼽아 보세요.
언제 시작할 수 있나요?

# 자부심

스스로를 뿌듯하게 여길 때 **자부심**을 느껴요.

자부심은 밝게 웃는 미소와 반짝이는 눈빛으로 드러나요.
"내가 해냈어. 난 내가 자랑스러워!"라고 스스로에게 말할 수 있지요.

자부심을 가진다는 건 뿌듯함으로 마음이 가득 차는 것과 같아요.

**자부심**이 샘솟는 순간을 그림으로 표현하거나,
사진으로 찍어 보세요.

내가 자랑스러웠던 순간을 되돌아보고 내가 느낀 행복을
다른 사람들과 나누는 것은 즐거운 일이니까요.

우리는 스스로 해낸 것을 기억할 때, 자신을 믿게 돼요.
자신을 믿게 되면 무엇이든 이룰 수 있다는 단단한 마음이 생긴답니다.

# 좌절감

정말 열심히 노력하는데도 실패하거나 어려움을 겪으면
**좌절감**을 느낄 수 있어요.

좌절감이란 아주 힘든 감정이에요. 좌절감을 느끼면
분노, 슬픔처럼 다른 격한 감정들도 생길 수 있거든요.

좌절감에 빠지면 주변 상황을 탓하거나, 다른 사람을 원망할지도 몰라요.
포기해 버리고 싶기도 해요. "난 할 수 없어!"라고 말할 수도 있지요.

누구나 **좌절감**을 느낄 때가 있어요.
하지만 이것저것 시도하며 이겨 낼 수 있지요.

잠시 쉬어 가기

차분해지도록 심호흡하기

도움 요청하기

다시 시도하기

좌절감에 빠진 친구를 보았을 때
어떤 말이나 행동을 하면 좋을까요?

# 지루함

**지루함**은 무언가를 하고 싶은데 재미있는 일이
떠오르지 않을 때 느끼는 감정이에요.

지루하면 "심심해, 너무 심심해!"라고 투덜거리거나,
한숨이 나오기도 해요.

하지만 지루하다는 건 좋은 일일지도 몰라요.
이제부터 아주 많은 일을 할 수 있다는 뜻이기도 하니까요.

## 앞으로 **지루함**을 느끼면 이렇게 해 보세요.

1. 누워서 긴장을 풀어요.
'누워 있는 게 뭐가 재미있지?'라고 생각할 수 있지만
새롭고 재미난 생각은 마음이 차분하고 편안할 때 떠오르지요.

2. 몸을 다양하게 써 봐요.
주변에서 들리는 재미있는 소리에 귀 기울여 보세요.
그리고 다리를 들어 올려 발가락 사이로 주위를 둘러보세요.
눈으로 볼 때와는 다른 관점으로 보일 거예요.
발의 시선에서는 무엇이 보일까요?

# 혼란

무언가를 이해하지 못할 때 마음이 **혼란**스럽게 느껴져요.

정보가 너무 많거나 부족할 때 혼란스럽다고 느낄 수 있어요.

모든 게 엉망인 것 같아요.

그냥 포기해 버리고 싶은 마음이 들기도 하지요.

**혼란**스러울 때는 아주 간단한 것부터 시도해 보세요.

잠깐 멈추기

천천히 하기

도움을 요청하기

다시 시도하기

# 화

**화**는 무척 불쾌할 때 느끼는 감정이에요.
기분 나쁜 감정이 거센 바람처럼 몰아치는 느낌이지요.

천둥이 치는 것처럼
소리치고 싶어요.

번갯불이 번쩍이는 것처럼
날카로워져요.

쏟아지는 비를 맞는 것 같아요.

하지만 천둥 번개는 영원하지 않아요.
시간이 조금 지나면 사라지지요.
화라는 감정도 시간이 흐르면 사그라들어요.

**화**를 비롯한 모든 감정은
하늘에 떠다니는 구름처럼 밀려왔다 밀려가요.

하늘을 자세히 올려다보세요.
아침 하늘은 어떤 모습인가요?
맑은가요, 흐린가요?

오후의 하늘은 어떤 모습인가요?
이전과 같은가요, 다른가요?
저녁에는 또 어떤 모습인가요?

# 환영

내 모습 그대로 자연스럽게 받아들여질 때
**환영**받는다고 느껴요.

환영을 받으면
얼굴에 미소가 활짝 피어나고,
내가 돋보이는 옷을 입은 것처럼 느껴져요.

내 주변에는 나를 아주 기쁜 마음으로
반겨 주는 사람들이 있어요.

**환영**받는 기분은 정말 멋져요.
우리는 그 멋진 기분을 널리 퍼뜨릴 수 있어요.
스스로의 모습을 있는 그대로 받아들여 보세요.
다른 사람들의 모습도 있는 그대로 받아들여 보세요.

서로 인사해요.    다른 사람들을 초대해요.

함께 어울려요.

우리랑 같이 놀래?

정말 좋아!

> **우리는 함께 성장해요**

# 가치

**가치** 있다는 것은 귀하고 소중하다는 뜻이에요.

세상 사람들 모두에게 공통점이 있어요.
바로 누구나 가치가 있다는 거예요.

특별한 일을 하거나 특별한 사람이 되지 않아도
이미 우리는 있는 모습 그대로 충분히 가치 있는 존재예요.

누구나 어느 곳에 있든지 모두 **가치** 있어요.
그리고 누구나 이런 것을 누릴 가치가 있어요.

사랑과 우정

깨끗한 공기와 물

안전한 집

스스로 가치 있다고 느끼는 데 도움이 되는
간단한 자세를 취해 보세요.

1. 편한 자세로 앉기

2. 두 손을 포개어 가슴에 얹기

3. "나는 소중한 사람이야."라고 스스로에게 말하기

# 건강

몸과 머리가 쌩쌩하고 기분이 좋으면 **건강**한 느낌이 들어요.

나 자신을 건강하고, 안전하게 지킬 수 있는
방법은 아주 많아요.

운동하기

여러 가지
과일과 채소를 먹기

자전거 탈 때
안전모 쓰기

햇빛으로부터
피부를 보호하기

밖에서 활동하는 것도 **건강**을 지키는 방법이에요.

건강을 위해 밖에서 어떤 활동을 하고 싶나요?
친구나 가족과 함께 활동하는 것은 어떨까요?

다른 사람들과 어울리며 시간을 보내는 것도
우리의 몸과 마음을 건강하게 지키는 방법이에요.

# 격려

**격려**는 용기를 심어 주고, 힘을 북돋아 주는 방법이에요.

우리는 주변 사람들에게 이렇게 격려를 받고 있어요.

우리도 다른 사람들을 **격려**할 수 있어요.

누군가에게 격려를 받을 때 어떤 기분이 드나요?
여러분이 다른 사람을 격려해 줄 때는 기분이 어떤가요?

# 나다움

**나다움**이란 진짜 내 모습을 말해요.
내가 생각하고 느끼는 그대로 말을 하거나 행동할 때가
진짜 내 모습이지요. 다른 사람을 흉내 내는 게 아니니까요.

우리는 친구들과 똑같은 것을 좋아할 수도 있지만
그렇지 않을 수도 있어요.

내 생각이나 마음은 바뀔 수도 있고
그렇지 않을 수도 있어요.

내가 **나다울** 때 기분이 좋아요.
좋아하는 것과 싫어하는 것, 잘하는 것과 아직 배우고 있는 것,
심지어 아무것도 하지 않을 때의 내 모습까지도 껴안는 기분이지요.

내 이름으로 짧은 시를 지으며
스스로 칭찬할 만한 것들을
찾아보아요.

먼저, 내 이름을 세로로
한 줄에 한 글자씩
써 보세요.

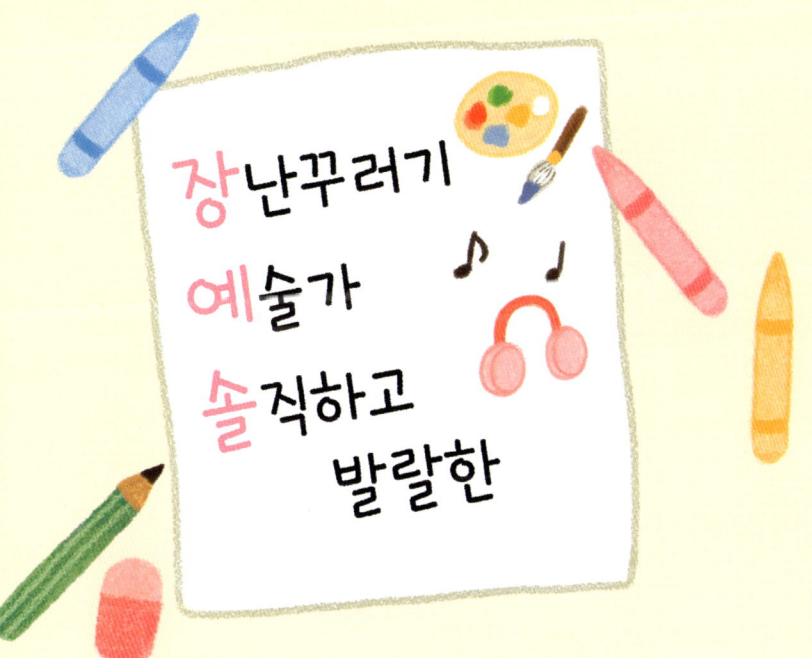

장난꾸러기
예술가
솔직하고
발랄한

각 글자를 활용해서
나를 설명할 수 있는
단어나 문구를 생각해 보세요.

진짜 내 모습을 발견하는 기쁨을 느껴 보세요!

# 독립심

**독립심**이 있다는 건 혼자 힘으로 무언가를 할 수 있다는 뜻이에요.

이런 말을 하는 사람은 독립심이 강한 편이에요.

우리는 여러 가지 방법으로 **독립심**을 키울 수 있어요.

여러분은 도서관 카드가 있나요? 없다면 가까운 도서관에서 카드를 신청할 수 있는지 알아보세요.

그 과정에서 독립심을 키우고 직접 원하는 책을 고를 수 있어요.

도서관 카드와 책, 그리고 상상력만 있으면
혼자서 어디로든 모험을 떠날 수 있지요.

# 동의

**동의**는 다른 사람의 행동을 허락한다는 뜻이에요.

내 몸은 내 것이에요.
머리카락부터 배꼽, 발가락까지 하나하나 전부 다요.

친구의 몸은 친구의 것이에요.
머리카락부터 배꼽, 발가락까지 하나하나 전부 다요.

나는 나와 내 몸에 대해 어떤 행동이 괜찮은지 결정하고,
친구는 자신과 자신의 몸에 대해 어떤 행동이 괜찮은지 결정해요.

다른 사람의 몸을 만지거나 껴안고 간지럽히고 싶을 때는
행동하기 전에 먼저 **동의**를 구해야 해요.

상대방이 "그래, 좋아."라고 대답하면 동의한 거예요.
상대방이 "아니, 싫어."라고 말하거나
거절하는 모습을 보이면 하지 말라는 뜻이에요.
상대방이 아무 말을 하지 않는 것도 하지 말라는 뜻이에요.

우리는 누구나 자신의 몸에 대한 것은 스스로 결정할 수 있어요!

# 마음챙김

**마음챙김**은 현재 나의 몸과 마음에 집중하는 걸 말해요.
몸이 느끼는 감정에 힘을 쏟는 거예요.

마음챙김을 하면 머릿속과 몸의 긴장이 풀어지면서
기분이 상쾌해져요.

따뜻한 물로 목욕을 하고 나서, 몸이 사르르 풀어지고
기분이 산뜻해지는 것처럼 말이에요.

**마음챙김** 활동을 통해 다섯 가지 감각을 깊이 살펴보세요.

편한 자세로 앉거나 누워 보세요.
눈을 감은 채로 숨을 깊이 들이마시고 내쉬어요.

- 눈을 뜨기
지금 있는 곳에서
어떤 색들이 보이나요?

- 코를 킁킁거리기
무슨 냄새가 나나요?

- 귀를 쫑긋하기
무슨 소리가 들리나요?

- 두 팔을 활짝 펴기
느낌이 어떤가요?

- 입을 벌려 보기
어떤 맛이 느껴지나요?

충분히 시간을 갖고, 얼마나 많은 것을 느낄 수 있는지 알아보세요.

# 믿음

**믿음**은 누군가를 아무 의심 없이 따르는 마음이에요.

내가 굳게 믿는 사람에게는 나의 속마음을 털어놓을 수 있어요.
진심을 다해 내 이야기를 귀담아 들어 줄 테니까요.

내가 믿는 사람과 함께하면 어떤 상황에서도
나를 지켜 준다는 기분이 들지요.

서로에 대한 **믿음**은 어떻게 생길 수 있을까요?

사실대로 말하기

내가 잡아 줄게!

말한 대로 행동하기

실수했을 때 인정하기

나를 필요로 할 때
함께 있어 주기

서로를 믿는다는 건 아주 특별한 일이에요.

우리는 함께 성장해요 71

# 사과

우리가 잘못했거나, 우연히 일어난 일 때문에
마음이 안 좋을 때가 있어요.

이럴 때 잘못을 인정하고 용서를 구하는 걸 **사과**라고 해요.

사과할 때는 "죄송해요" 또는 "미안해"라고 말하면서
미안한 마음을 표현해요.

상대방과 그 사람의 감정에 마음 쓰고 있다는 걸
보여 주기 위해 **사과**하기도 해요.

실수를 하면, 온갖 감정이 휘몰아칠지도 몰라요.
상대방도 역시 그렇게 느낄 수 있지요.

사과를 하면 상대방의 기분도 나아지고 내 기분도 좋아질 수 있어요.

친구에게 사과한 적이 있나요? 그다음에 어떤 느낌이 들었나요?

# 선택

**선택**이란 무언가를 뽑거나 고르는 일을 말해요.

우리가 한 선택에는 힘이 있어요.
우리는 생활 속에서 어떤 선택을 할 수 있을까요?

몸이 건강하고 튼튼하게 자랄 수 있게 돌보기

친구에게 관심을 보이고 마음을 표현하기

우리 동네를 깨끗하게 가꾸기

## 지구를 보호하기 위해 우리는 어떤 **선택**을 할 수 있을까요?

사용하지 않는 전깃불은 끄기

채소와 과일을 더 많이 먹기

재활용하기

학교에 걸어 다니기

물 아껴 쓰기

우리의 선택은 변화를 가져올 수 있어요.

# 성취

하기로 마음먹은 일을 시작해서 마무리를 지으면
**목표를 성취한 거예요.**

목표를 이루려면 몇 가지 단계를 거쳐야 해요.

"할 수 있어!"라고 말하기

"할 거야!"라고 말하기

"해냈어!"라고 말하기

크든 작든 무언가를 **성취**하면, 스스로를 칭찬해 주세요.

무엇을 이루었는지
소리 내어 말해 보세요.

목표를 이루기 위해 내가 해낸 것들을
모두 기억하도록 해요.

내가 성취한 것들을 가족이나 친구들에게 알려 주세요.
모두 기쁜 마음으로 축하해 줄 거예요.

# 실수

**실수**란 내가 한 결정이나 행동이
잘못된 결과를 가져오는 걸 말해요.

실수를 표현하는 말은 아주 많아요.
왜냐하면 실수의 종류와 모습이 정말 다양하거든요.

떨어뜨리기
놓치기
미끄러뜨리기
헷갈리기
잃어버리기
엎지르기

하지만 실수를 통해 많은 것을 배울 수도 있어요.

**실수**하는 일이 생기면 "아이코!"라고 말해 보아요.

그다음에는 앞으로 어떻게 하면
결과가 달라질 수 있을지 곰곰이 생각해 보세요.

스스로를 돌아보며 이렇게 말하는 건 어떨까요?

"지난번 실수에서 배운 점은……."

"다음에는 꼭 해낼 수 있을 거야."

# 실패

**실패**란 무언가를 시도할 때 성공하지 못한 것을 말해요.
실패를 하면 기분이 좋지 않을 거예요.
하지만 목표에 다가가기 위해 꼭 필요한 과정이지요.

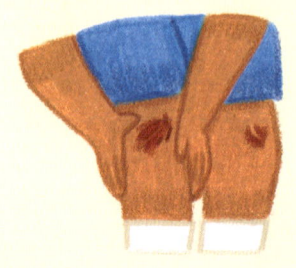

걷는 법을 배울 때
넘어져서 다쳐요.

끈 묶는 법을 배울 때
신발 끈이 마구 엉켜 버려요.

킥보드 타는 법을 배울 때 휘청거리다 넘어져요.

**실패**라는 단어가 버겁게 느껴질 수 있지만,
실패는 곧 우리가 노력하고 배우고 있다는 것을 의미해요.

우리는 실패해도 다시 시도하고, 조금씩 배워 나가요. 그리고 또 도전해요.
그런 과정을 몇 번이나 다시 되풀이하곤 하지요.

한쪽 다리로
균형을 잡아 보세요.

조금 어렵게 느껴지고
넘어지더라도 다시 해 보세요.

여러 번 해 보면 한쪽 다리로
점점 더 오래 서 있게 될 거예요.

넘어지고 실패하는 과정을 통해 우리는 성공하는 법을 알게 된답니다.

# 역량

**역량**은 어떤 일을 해낼 수 있는 힘의 크기를 말해요.

우리는 지금까지 많은 것들을 관찰하고, 배우고 또 연습을 했지요.
그래서 우리는 다양한 기술들을 가지고 있답니다.

스스로 해낸 것을 보고 깜짝 놀란 적이 있나요?

## 우리는 정말 많은 것을 할 수 있는 **역량**이 있어요.

옷을 잘 정돈하기 위해
무엇을 할 수 있나요?

집 안을 잘 정리하기 위해
무엇을 할 수 있나요?

반려동물을 돌보기 위해
어떤 일을 할 수 있나요?

또 무엇을 새로
배울 수 있을까요?

우리는 함께 성장해요

# 연습

**연습**은 새로운 것을 하기 위해 몸과 마음을 훈련하는 것을 말해요.

무언가를 정말 잘하는 방법이 궁금하다고요?

바로 꾸준하게 연습을 하면 돼요.

어려워 보여도 연습을 통해 잘할 수 있어요.

드럼 연주하기

마술 공연하기

골 넣기

옆으로 재주넘기

새로운 것을 **연습**해 보세요! 조금 우스꽝스러운 행동도 괜찮아요.

책이나 인형을 머리에 얹고 얼마나 오래 균형을 잡을 수 있는지 알아보세요.
방법을 터득했다면 한 발, 두 발 내딛어 보세요.
떨어뜨리지 않고 얼마나 멀리 갈 수 있을까요?

또, 어떤 걸 배워 보고 싶나요?
어떻게 연습하면 될까요?

# 우정

**우정**이란 친구 관계에서 서로를 좋아하는 마음을 말해요.

친구와 같은 걸 좋아한다면 우정이 더욱 끈끈해져요.
다른 걸 좋아해도 우정이 끈끈해질 수 있어요.
조금씩 양보하며 함께 어울리면 되지요.

다음에 친구와 함께 있을 때 사진을 찍어 보세요.
한 장은 내가, 다른 한 장은 친구가 보관하기로 해요.

그러면 친구와 둘만의 소중한 **우정** 기념품을 갖게 되겠지요?

여러분은 친구와 함께 무엇을 하고 싶나요?

# 자기 이해

**자기 이해**는 스스로에 대해 잘 알고 이해하는 거예요.

자기 이해를 하려면 내가 생각하고, 말하고,
행동하는 것에 관심을 기울여야 해요.
관심을 가지면 더 잘 알 수 있으니까요.
무엇이 나에게 편안하고 행복한 기분을 느끼게 하는지 알 수 있지요.

자기 이해란 다른 사람들이 나 자신을 어떻게 바라보고 있는지
잘 알고 있다는 뜻이기도 해요.

나의 행동에 따라 다른 사람들도 이해받고, 편안하며
행복한 기분을 갖게 돼요.

내 얼굴을 꼼꼼히 살펴본다면 **자기 이해**를 하는 데 도움이 될 거예요.

거울 앞에 서서 다음과 같이 해 보세요.

입꼬리를 살짝 올리고,
눈을 동그랗게 떠 봐요.

눈썹을 들어 올려요. 한 번에 하나씩 올릴 수 있나요?

눈썹을 내리고 가운데로 모아 보아요.

이제 재미있는 표정을 마구 지어 보세요!

지금 어떤 표정을 짓고 있나요?

내 얼굴에서 새로운 점을 발견했나요?

얼굴로 느낌을 표현하는 놀이를 해 보세요.
누군가를 만나서 반가울 때, 또는 슬퍼하는 사람에게
안타까운 마음을 표현할 때에는 어떤 표정을 지으면 될까요?

# 자신감

**자신감**은 스스로 해낼 수 있다고 믿는 마음이에요.

자신감이 있으면 혼자서 할 수 있는 일이나
스스로에 대해 만족감을 느낄 수 있어요.

자신감은 어디서 나올까요?

내 몸을 별 모양으로 활짝 펴서 **자신감**을 얻는 연습을 해 보세요.
몸을 쭉 뻗어 공간을 채우면 당당해지는 기분을 느낄 수 있을 거예요.

발을 넓게
벌리고 서기

팔을 양쪽으로
쭉 뻗기

입꼬리를
살짝 올리기

"난 자신 있어!"라고
말하기

**더 당당하고 힘찬 기분이 드나요?**

# 장점

**장점**이란 내가 잘하는 것 또는 나의 좋은 점을 말해요.

우리는 각자 다른 장점을 가지고 있어요.
장점은 시간이 지나면서 바뀌기도 해요.

여러분의 장점은 무엇인가요?
장점은 연습하면 할수록 점점 더 나아질 수 있어요.

그림 그리기

공놀이

이야기 짓기

좋은 친구 되기

다른 사람의 **장점**을 잘 눈여겨보세요.
누군가 잘하는 것을 발견하면 그 사람에게 알려 주세요.

나의 장점 중 하나는 주위 사람들을 격려하고
칭찬해 주는 것일지도 모르지요!

# 지원

**지원**은 도움을 뜻하는 다른 말이에요.

우리는 힘들어하는 다른 사람들을 도와줄 수 있어요.
그리고 누구나 도움이 필요한 순간이 있어요.

아플 때

슬플 때

외로울 때

무서울 때

다른 사람들을 **지원**할 수 있는 방법을 생각해 보세요.
이렇게 말해 보는 건 어떨까요?

여러분도 누군가의 도움이 필요할 때가 있을 거예요.
그럴 땐 어떻게 말하면 될까요?

# 지혜

**지혜**를 발휘한다는 것은 이미 가지고 있는 것을
창의적으로 사용한다는 뜻이에요.

지혜로우면 문제에 대한 해결 방법을 찾을 수 있어요.
그리고 돈을 아낄 수도 있어요.
지구를 보호하는 데도 도움이 되지요!

새로운 물건을 사기 전에, 집에 있는 것들로
**지혜**를 발휘해 보세요.

누군가에게 줄 선물을 준비하거나, 포장을 할 때도
지혜를 보여 줄 수 있어요.

신문이나 잡지, 모아 둔 그림을 활용해서 창의성을 펼쳐 보세요.
지혜를 발휘하면 뿌듯함을 느낄 수 있답니다.

# 창의성

**창의성**이 있다는 것은 상상력을 발휘하여
색다르게 생각하는 걸 말해요.

창의성이 드러나는 순간은 언제일까요?

악기를 연주할 때

노래를 부르며 춤출 때

옷을 고를 때

그림을 그릴 때

또 어떤 순간들이 있는지 떠올려 보세요.

**창의성**을 발휘하면 무엇이든 될 수 있고,
모든 것을 해 볼 수 있어요.

신나게 뛰어놀며 창의성을 발휘해 보세요.
주위에서 영감을 주는 것들을 찾아보아요.

보물찾기 놀이

보물을 가지런히 놓기

또 다른 보물을 만들기

우리는 함께 성장해요

# 책임감

**책임감**이 있다는 것은 자신이 맡은 일을 꼭 해낸다는 뜻이에요.

책임감이 있는 사람은 맡은 일을 잘할 거라는 믿음을 주지요.
나는 집에서 어떻게 책임감 있는 모습을 보여줄 수 있을까요?

화분에 물 주기

침대 정리하기

장난감 정리 정돈하기

반려동물에게 먹이 주기

우리는 집 안이나 바깥에서도 **책임감** 있는 사람이 될 수 있어요.

모두가 자기 일에 책임을 다하면 더 깨끗하고,
안전한 세상을 함께 누릴 수 있어요.

우리는 각자 지역 사회에서 어떻게 책임을 다할 수 있을까요?

# 호기심

**호기심**은 새롭거나 신기한 것, 또는 모르는 것을 알고 싶어 하는 마음이에요.

호기심이 생기면 머릿속은 궁금증으로 가득 차고, 마음껏 상상을 해요.

"저건 도대체 어디서 오는 걸까?"

"이럴 때는 어떻게 되는 걸까?"

"왜 저렇게 되는 걸까?"

"어떻게 하면 더 자세히 알 수 있을까?"

집 안이나 근처에 식물들이 있나요?
그 식물들을 자세히 살펴보세요.
흙과 줄기와 잎들을 자세히 관찰해 보세요.

어떤 색깔이 보이나요?

어떤 냄새가 나나요?

어떤 느낌인가요?

일주일 뒤에 그 식물들을 다시 들여다보세요.
지난주와 다르게 보이나요, 같아 보이나요?

또 어떤 것에 **호기심**이 생기나요?

# 회복 탄력성

**회복 탄력성**은 힘든 상황을 극복하고
안정적인 상태로 다시 돌아가는 능력을 말해요.

바닷가에 가서 물놀이를 해 본 적이 있나요?
파도에 휩쓸려 넘어질 때도 있지만,
파도가 지나가고 나면 다시 일어설 수 있지요.

살아가면서 우리는 밀려오는 많은 일들 때문에
넘어지거나 쓰러질지도 몰라요.
때로는 슬픔이나, 화, 좌절감을 느끼게 하는 어려움에
맞닥뜨릴 수도 있어요.

이때 회복 탄력성이 있으면 다시 일어날 수 있어요.

## 스스로 **회복 탄력성**을 키우기 위해 할 수 있는 일은 아주 많아요.

내가 느끼는 감정을
다른 사람에게 말하기

문제 해결 방법을
생각하기

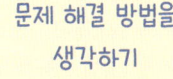

주변에서 긍정적인 것들을 찾아보기

나를 차분하게 만들어 주는
것들을 찾아보기

실수를 통해 배우기

> 서로의 다름을 존중해요

# 가족

**가족**끼리는 사랑하며 서로를 소중히 여겨요.

집집마다 가족의 형태는 매우 다양해요.
가족의 수가 많은 집도 있고, 적은 집도 있어요.
또 한곳에 모여 사는 가족이 있고,
전 세계에 흩어져 사는 가족도 있지요.

하지만 가족 안에서 많은 사랑과 보살핌을 받는 건 같아요.

**가족** 구성원 한 명 한 명에게
직접 만든 상을 주면서 칭찬해 보도록 해요.
진지한 내용이나 웃기고 재미있는 상을 만들어도 좋아요!

살아가는 모습이 저마다 다르지만,
모든 가족은 특별하답니다.

# 경청

**경청**은 다른 사람의 말을 주의 깊게 듣는다는 뜻이에요.
상대방의 말에 귀 기울이는 건 나의 관심을 표현하는 방법이기도 해요.

귀 기울여 들으면 이런 점이 좋아요.

좋은 자극을 받아요.   소통할 수 있어요.

배울 수 있어요.   성장해요.

우리는 온몸을 이용해서 **경청**할 수 있어요.

귀로는 다른 사람의 목소리를 들어요.

고개를 끄덕여서 이해한다고 표시해요.

말하는 사람의 눈을 바라보며 집중해요.

가슴을 상대방이 있는 쪽으로 향하게 하여 그 사람의 말을 잘 들을 준비가 되어 있다는 것을 보여 주세요.

다른 사람과 대화할 때 이렇게 경청한다면
말하는 사람의 눈빛이나 표정이
달라지는 것을 느낄 수 있을 거예요.

# 공동체

**공동체**는 같은 목적을 가진 사람들 여럿이 모여 있는 집단을 말해요.

학교는 함께 어울리며 교육을 받을 수 있는 공동체예요.

같은 취미 생활을 하는 사람들이 공동체를 만들 수 있어요.

지역은 한동네에 사는 사람들이 모여 있는 공동체예요.

서로 다른 종교를 가진 사람들이 함께 어울리는 공동체도 있어요.

여러분은 어느 **공동체**에 속해 있나요?

그림을 그려서 표현해 보세요.

공동체에 있는 사람들

공동체와 함께 하는 일

공동체 사람들이 함께 모이는 장소

여러분이 속한 공동체에는 어떤 공통점이 있나요?

# 공정

우리는 모든 사람들이 안전하고 건강하게 지내기를 바라요.
또 누구나 공평하게 선택할 수 있고, 즐거운 시간을 보내기를 원해요.

**공정**은 누구든 원하거나 필요로 하는 것을
공평하게 이용할 수 있도록 하는 거예요.

공정한 상황과 그렇지 않은 상황을 알아차리는 것이 중요해요.
공정성에 문제가 있다는 것을 알게 되면
해결 방법에 대해 고민해 보세요.

우리 모두가 **공정**한 기회를 얻을 수 있는 순간은 많아요.

여러분이 주로 시간을 보내는 곳들을 둘러보며 생각해 보세요.

누구나 그곳에 갈 수 있나요?
누구나 자유롭게 돌아다닐 수 있나요?
그곳에서 모두가 안전하고 행복할까요?
어떻게 하면 꼭 필요한 사람들에게 이곳들을
더 공정하게 제공할 수 있을까요?

# 관계

**관계**는 사람과 사람 사이 또는 여러 상황들이 서로 연결되어 있는 것을 말해요.

생활 속에서 친구들과 다양한 모습으로 관계를 맺을 수 있어요.

같은 음식을 좋아하기

같은 동물을 좋아하기

좋아하는 음악을 같이 연주하기

여러분은 친구와 어떤 **관계**를 맺고 있나요?

친구와 함께 퍼즐 맞추기 놀이를 해 보세요.
서로 친해질 수 있는 아주 좋은 방법이에요.

함께 힘을 모아 퍼즐 조각을 하나씩 맞추다 보면
아름다운 작품을 만들 수 있어요.

서로의 다름을 존중해요

# 능력

**능력**이란 어떤 것을 할 수 있는 힘을 말해요.

공작새는 걸을 수 있고, 벌새는 날 수 있어요.
펭귄은 헤엄치는 능력이 있어요.
그리고 오리는 걷기, 날기, 헤엄치기 이 세 가지를 모두 할 수 있지요!

새들처럼 우리 사람들도
저마다 다른 **능력**을 가지고 있어요.

배우기 쉬운 일도 있고,
어려운 일도 있어요.

무언가를 금방 배우는 사람도 있고,
시간이 오래 걸리는 사람도 있어요.

서로 다른 능력을 갖고 있으면 도움을 주고받을 수 있어요.
그리고 각자의 서로 다른 능력이 모이면 큰일을 해낼 수 있지요.

# 다양성

세상에는 많은 사람들이 어울려 살아가요.
사람마다 나이, 생김새, 살아가는 모습이 제각각이지요.
**다양성**은 여러 가지 특성이 서로 다름을 의미해요.

집집마다 가족의 모습이 다양해요.
공동체를 이루는 모습도 서로 달라요.
사람들의 종교도 매우 다양하지요.

우리가 사는 세상에는
또 어떤 다양한 모습이 있나요?

**다양성**을 가진 사람들이 새로운 생각을 함께 나누고,
힘을 합쳐 문제를 해결할 때
세상은 아름답고 평화와 기쁨으로 가득한 곳이 된답니다.

나만의 정원을 꾸미는 즐거움을 누려 보세요.
흙에 다양한 종류의 씨앗을 심고, 물을 주세요.
그러면 알록달록 다양한 꽃들이 정원에 피어날 거예요.

# 몸

우리 **몸**은 뼈와 근육 그리고 뇌, 심장, 폐, 위장과 같은 기관들로 이루어져 있어요.

몸의 모든 부분들이 힘을 합쳐 일하기 때문에 우리가 건강하게 잘 살아갈 수 있지요.

여러분은 스스로 몸을 어떻게 돌보나요?

내 **몸**과 내 몸 덕분에 할 수 있는 모든 것에
감사하는 시간을 가져 보세요.

뇌 덕분에 새로운 것을
배울 수 있어요.

폐 덕분에
숨을 쉴 수 있어요.

심장이 팔딱팔딱 뛰어서
건강하게 뛰어놀 수 있어요.

위장이 음식을 소화시켜서
몸에 필요한 에너지를 얻을 수 있어요.

피부는 머리부터 발끝까지
나를 보호해 주어요.

몸을 이리저리 흔들면서 움직이고, 팔다리를 쭉쭉 뻗어 보세요.
이렇게 몸이 움직이는 게 신기하지 않나요?

# 문화

**문화**는 함께 어울리며 살아가는 사람들이
만들어 낸 행동 방식이에요.
언어, 음식, 옷, 음악, 예술처럼 말이에요.

내가 머물고 있는 곳이나, 가족이 살아온 곳에서
문화가 생겨나기도 해요.
또, 시간이 흐르면서 문화는 다양하게 변화해요.

전 세계에는 약 200개의 나라가 있고,
저마다 한 가지 이상의 고유한 문화가 있어요.

Ahurea
Cultura תַרְבּוּת
فرهنگ Kulttuuri
문화 Culture 文化
Πολιτισμός Kultur
Budaya संस्कृति культура
Cultuur văn hóa
วัฒนธรรม

처음 만났을 때 모두가 똑같은 방식으로 인사를 할 거라고 생각할 수 있어요. 하지만 사람들은 각자의 **문화**에 따라 서로 다른 방식으로 인사해요.

손을 흔들거나, 악수를 해요.
박수를 치는 사람들도 있어요.

고개를 숙이거나
서로 이마를 지그시 맞대요.

볼을 서로 맞대고
뽀뽀를 하기도 해요.

여러분의 문화에서는 사람들이 서로 어떻게 인사하나요?

# 민족

**민족**은 오랜 세월 동안 함께 생활하며 만들어진 공동체예요.

민족에 대해 이해하면 나 자신을 잘 알 수 있어요. 우리 집안이 오래 전에 살았던 곳, 종교, 사용하는 말, 전통문화 등이 관련되어 있으니까요.

가족들과 이야기하면 나와 내 **민족**에 대해 많은 것을 알 수 있어요.

내 민족을 통해 이런 것들을 알 수 있어요.

행사 및 전통

역사와 기념일

함께 쓰는 언어들

뿌리 깊은 공동체   소속감

# 발전

**발전**이란 시간이 지남에 따라 더 나아진다는 뜻이에요.

발전은 한 번에 쉽게 이루어지지 않아요.

스스로 발전한 모습을 발견하면 뿌듯하고 기분이 좋아요.
하지만 제자리에 멈춰 있는 느낌이 들면
포기하고 싶고, 좌절감을 느끼지요.

가끔은 진짜로 **발전**하고 있는 건지
알기 어려울 때도 있어요.

발전은 시도와 실패가 반복되는 과정에서 이루어져요.

시간을 갖고 노력하면
언젠가 드높은 하늘을 날아오르는 느낌이 들 거예요.

# 배움

**배움**은 새로운 것을 익히는 거예요.

우리는 날마다 다양한 방법으로 배우고 있어요.

보고 듣기

시도하고 실패하기

탐구하고 발견하기

연습하고 실행하기

새로운 것을 **배울** 때면 기분이 좋아요.
배움은 많은 것들을 할 수 있는 힘을 주니까요.

무엇을 더 배우고 싶은가요?

내 주변에 있는 가족이나 친구들을 떠올려 보세요.
가족들에게 무엇을 배우고 싶은가요?
친구들은 여러분에게 무엇을 배우고 싶어 할까요?

서로의 다름을 존중해요

# 성별

**성별**은 내가 누구인지 설명하는 것 중 하나예요.

자신의 성별이 무엇인지 스스로 확신을 가질 수도 있고,
그렇지 않을 수도 있어요.
남자 또는 여자이거나, 두 가지 성별을 조금씩 갖고 있거나,
둘 다 아닌 것 같다고 느낄 수도 있어요.

나의 성별이 무엇인지 가장 잘 아는 사람은
바로 나 자신이에요.

사람들은 **성별**을 다양한 방법으로 표현할 수 있어요.
표현한다는 것은 겉으로 보이는 모습을 통해
속마음을 나타내는 거예요.

어떤 옷을 입으면
편안하게 느껴지나요?

어떤 머리 스타일을
좋아하나요?

나 자신을 뭐라고
부르고 싶은가요?

서로의 다름을 존중해요

# 소속감

우리는 다른 사람들에게 환영받고,
모임에 받아들여질 때 **소속감**을 느껴요.

소속감은 가족, 교실, 지역 사회에서 느낄 수 있어요.

책을 읽으면서 생김새나 생각, 행동이 나와 비슷한
등장인물을 볼 때에도 소속감을 느낄 수 있지요.

친구를 초대해서 함께 역할놀이를 하거나
상상 놀이, 만들기를 해 보세요.
함께 어울릴 때 **소속감**을 느낄 수 있답니다.

새로운 사람을 만날 때 어떤 기분이 드나요?
수줍은가요, 신이 나나요? 호기심이 생기나요?

새로운 사람과 함께 어울리며 서로서로 알아 갈 수 있어요.

어떤 놀이를 좋아하나요?
여럿이 함께 즐기면 좋은 놀이 활동으로는 무엇이 있을까요?

# 신경다양성

'신경'은 뇌와 관계있다는 뜻이고,
'다양성'은 서로 다름을 의미해요.
그래서 **신경다양성**은 뇌가 남과 다르게 활동한다는 뜻이에요.

우리 중에는 신경다양성이 있는 사람들도 있어요.
저마다 각자의 방식으로 세상을 배우고, 경험하지요.

**신경다양성**이 있으면 날마다 일정한 순서로 일하고,
조용한 공간이나 이리저리 돌아다닐 수 있는 곳을 좋아할 수 있어요.

주위가 조용하면 어떤 기분이 드나요?
조금 시끄러우면 어떤 점을 알아채나요?
언제 이리저리 왔다 갔다 움직이고 싶은가요?

배우고, 즐기고, 받아들여진다고 느낄 수 있는 능력과
그럴 만한 가치가 있다고 느끼는 건 중요해요.
그것은 누구에게나 똑같답니다!

서로의 다름을 존중해요

# 유일함

**유일함**이란 세상에 딱 하나뿐인 것을 뜻해요.

전 세계에 나와 똑같은 사람은 아무도 없어요.

내 목소리와, 웃음소리, 미소를 가진 사람은
오로지 나 하나뿐이에요.
나만이 가진 특별함이지요.
심지어 내 혀도 세상에 딱 하나뿐인 유일한 것이에요.

거울에 비친 내 모습을 살펴보아요.

혀를 한번 쭉 내밀어 보세요!
사람마다 혀의 모양과 촉감이 모두 달라요.
내 혀에는 오톨도톨한 돌기들이 나만의 독특한 방식으로 퍼져 있어요.

이번에는 귀를 살펴보세요!
손가락으로 귀의 테두리를 따라가며 훑어보아요.
곡선과 도드라진 부분이 느껴지나요?
이런 모양의 귀를 가진 사람은 나밖에 없어요.

우리는 모두 소중한 존재예요. 세상에서 **유일**하니까요.

# 의견 차이

**의견 차이**란 어떤 주제에 대해
서로 다르게 생각한다는 뜻이에요.

우리는 가족을 모두 사랑하고,
또 친구들과 함께 있으면 즐거워요.
하지만 가끔은 가족이나 친구와
의견 차이가 생길 수 있어요.

아주 작은 부분에 대해
서로 의견이 다를 수 있어요.

때로는 큰일에 대해
의견 차이가 날 수도 있지요.

강아지를
키우고 싶어요.

강아지는
못 키운단다.

서로 의견이 다를 때,
다투거나 화를 내기도 해요.

**의견 차이**가 나도 괜찮아요.
내 의견을 따르도록 다른 사람을 설득하는 게 재미있을 때도 있거든요.
물론 내가 마음을 바꿔야 할 때도 있지요.

우리는 서로 의견이 다를 때
그 차이를 좁히며 함께 나아갈 수 있어요.

# 인종

**인종**은 겉모습에 따라 세상 사람들을 구분 지어 말할 때 쓰는 말이에요.

특히 아주 오래전부터 사람들의 피부색을 설명할 때 사용하던 말이지요.
우리의 피부색은 몸속에 있는 어두운 색소인
멜라닌의 양에 따라 정해지는데, 사람마다 멜라닌의 양이 달라요.
멜라닌 색소가 많을수록 피부는 더 어둡게 보여요.
멜라닌은 머리카락과 눈동자 색에도 영향을 끼쳐요.

사람들이 **인종**에 대해 이야기할 때 흑인종, 백인종, 황인종이라고 말하는 걸 들어 본 적이 있을 거예요.
하지만 우리 주변의 사람들을 보면 피부색, 머리카락 색, 눈동자 색이 이 말들로 표현할 수 없을 만큼 더 멋지고 다양하다는 걸 알 수 있어요.

나의 피부, 머리카락, 눈 색깔을 어떻게 표현하고 싶나요?
나와 내 가족은 어떤 점에서 비슷하고, 또 어떤 점에서 다른가요?

우리가 서로 어떤 점에서 닮았고, 또 어떤 부분이 다른지
발견하는 재미가 있을 거예요.

서로의 다름을 존중해요

# 인종 대표성

**인종 대표성**이란 어떤 인종에 속한 사람들을
가장 대표적인 방법으로 묘사하거나 설명한다는 뜻이에요.

책, TV 프로그램, 영화나 장난감에도 인종 대표성이 드러나지요.
나와 비슷한 인종이 긍정적이고, 바람직한 모습으로 그려지면 기분이 좋아요.
나와 비슷한 인종이 계속 바람직하지 않은 방향으로만
그려지면 마음이 불편하기도 해요.
그리고 나와 같은 인종의 사람이 전혀 보이지 않으면,
내가 세상에 없는 존재처럼 느껴질 수도 있어요.

### **인종 대표성**은 중요해요.

조금 더 주의를 기울여 주위를 둘러보세요.

어떤 인형들이 보이나요?

책에서 누가 보이나요? 그 인물들은 무엇을 하고 있나요?

TV에서는 어떤 가족들이 보이나요?

어떤 사람들이 보이지 않는지 알아차릴 수 있나요?

모든 인종이 올바르고 진실된 방향으로 표현된다면
참 멋진 일일 거예요.

# 장애

**장애**란 몸이나 뇌의 일부분이 보통 사람들과
다르게 활동하는 상태를 말해요.
장애가 있으면 보고, 듣고, 말하고, 움직이거나
무언가를 배우고, 친구를 사귀는 게 어려울 수 있어요.

다른 사람들이 금방 알아차리는 장애도 있어요.
그렇지 않은 장애도 있고요.

잠깐 생겼다가 사라지는 장애도 있어요.
훨씬 오래 지속되는 장애도 있지요.

많은 사람들이 저마다 **장애**를 가지고 살아가요.

여러분은 장애가 있나요?
아니면 장애를 가진 사람을 알고 있나요?

나는 친구들과 어떤 면이 비슷한가요?
또 어떤 면이 다른가요?

# 전통

**전통**은 옛날부터 전해져 오는 특별한 행동 방식을 의미해요.

베트남에서는 음력 설날인 뗏 명절에
수박을 먹고 장식하며 새해를 맞이하는 게 전통이에요.
그곳에서는 빨간색을 행운의 색이라고 믿어요.
수박은 빨갛고 달콤하기 때문에
사람들에게 행운과 복을 가져다준다고 생각하지요.

**특별한 음식을 먹는 전통이 있는 종교들도 있어요.**

유대인의 새해인 '로쉬 하샤나'에는 사과를 꿀에 찍어 먹는 전통이 있어요.

힌두교 축제인 '디왈리'가 열릴 때는 설탕, 향신료, 견과류로 만든 동그란 공 모양의 모티추어 라두를 먹어요.

기독교 축제인 '부활절'에는 전통적으로 십자가 모양이 가운데 나 있는 핫 크로스 번을 먹어요.

여러분의 가족은 어떤 전통 음식을 먹나요?
왜 그런 음식을 먹는지 알고 있나요?
우리 집에 전해져 오는 전통과 다른 사람들의 전통에 대해 알아보면서
다양한 문화를 재미있게 살펴보세요.

# 정체성

**정체성**은 지금 우리의 모습을 나타내는
많은 세세한 정보들로 이루어져 있어요.

사는 곳, 가족의 출신 지역, 좋아하는 것,
심지어 좋아하는 스포츠 팀도 정체성을 이루는 부분이에요.

사람들은 가끔 우리의 겉모습을 보고
정체성을 이루는 부분을 헤아려 보거나 추측하기도 해요.
그러나 누군가에 대해 알아 가는 가장 좋은 방법은
그 사람과 함께 대화하며 이야기를 귀 기울여 듣는 거예요.

'나의 나무'를 만들어 내 **정체성**을 이루는
다양한 부분을 찾아보아요.

가지가 많은 나무를 그린 다음에
가지마다 나를 표현하는 단어를 적어 보세요.

지금의 나를 이루는 많은 부분을 알게 되는 건
참 멋진 일이에요.

# 존중

**존중**은 배려와 친절을 드러내는 방법이에요.

다른 사람이 하는 말에 귀 기울이고,
상대방의 생각과 감정에 관심을 보이며
존중하는 마음을 표현할 수 있어요.

반대로 상대방에게 우리를 **존중**해 달라고 말할 수도 있어요.

누군가와 의견이 달라서 말다툼을 할 수 있어요.

어쩌면 상대방이 마음을 바꾸고 내 생각을 이해해 줄 수 있어요.

그렇지 않을 수도 있고요.

그래도 우리는 여전히 서로를 존중하며 함께 즐겁게 지낼 수 있어요.

# 종교

**종교**는 세상에 대한 믿음을 함께하는 공동체예요.

많은 종교는 살면서 누리는 좋은 것들에 대한 감사의 뜻을 표하며 여러 가지 기도를 해요.

여러분은 좋은 일이 있을 때
어떤 방법으로 감사를 표현하나요?

**종교**마다 사람들이 모이는 특별한 장소가 있어요.

불교에는 절이 있어요.

기독교에는 교회가 있어요.

힌두교에는 만디르가 있어요.

이슬람교에는 모스크가 있어요.

유대교에는 회당이 있어요.

시크교에는 구르드와라가 있어요.

여러분에게 종교가 있다면, 어디에서 예배를 드리나요?

서로의 다름을 존중해요

# 포용력

**포용력**이란 다른 사람을 너그럽게 받아들이는 힘을 뜻해요.

받아들여진다고 느끼면 마음이 편안해지고,
소속감과 함께 뿌듯한 기분이 들어요.

사람들은 성별이나 종교, 인종, 장애 때문에
소외된 느낌을 받곤 해요.

소외를 당하면 외로움, 슬픔, 좌절감,
또는 분노를 느낄 수 있어요.

나도 같이 놀고 싶은데……

이렇게 **포용력**을 실천해 보아요.

포용력을 실천하면 우정이 단단해지고,
창의성과 즐거움이 활짝 피어날 수 있을 거예요.

> 세상이 점점 변화해요

# 경계

우리 몸의 주위에는 **경계**가 있어요.
그건 마치 우리를 감싸고 있는 투명한 비눗방울과 같아요.

누군가가 너무 가까이 있는 느낌이라 나만의 공간이 더 필요하다면
내 경계선을 넓힐 수 있어요.

누군가와 가까이 있고 싶거나 안기고 싶을 때는
내 경계선을 좁힐 수 있어요.

나의 경계선은 내가 결정해요.

다른 사람에게 자신의 경계선에 대해
말하는 게 쉽지만은 않아요.

그러나 연습을 하면 할수록 더 쉬워져요.
**경계**를 정하고 싶다면 이렇게 말하세요.

"내 공간이 필요해."

"불편해. 하지 마."

"넌 너무 거칠게 놀아."

누구나 자신의 몸을 지키기 위한 경계가 있어요.
상대방의 경계에도 관심을 갖고 존중해 주어요.

# 공감

**공감**이란 다른 사람의 감정을 이해한다는 뜻이에요.
상대방의 입장이 되어 어떤 마음일지 생각하면
그 사람의 감정을 느낄 수 있어요.

우리는 가끔씩 몸을 다칠 때가 있어요.
발을 헛디뎌 넘어지고, 엎어지고, 멍이 들기도 하지요.

감정도 마찬가지로 다칠 때가 있어요.
감정을 이해받지 못하고 거절당하면 속상하겠지요.

**공감**할 줄 알면 좋은 친구가 될 수 있어요.

대화할 때는 친구의 표정과 몸짓을 주의 깊게 살펴보세요.
그리고 친구의 이야기에 귀 기울이며
친구의 입장에서 생각해 보아요.

공감하면 할수록 공감의 폭이
점점 넓어지는 걸 느낄 수 있을 거예요.

# 끈기

**끈기**란 힘든 일이 닥쳐도
계속 노력하는 것을 말해요.

새로운 것을 배우려면 꾸준하게 노력하는 끈기가 필요해요.
발전하고 싶을 때도 끝까지 해내는 끈기가 있어야 해요.

목표를 이루기 위해 일을 반복하는 데서 끈기가 드러나지요.
어려운 일이 닥쳐도 절대 포기하지 않고 견디는 힘이 끈기예요.

**끈기**가 있으면 성장하고, 더 발전해서 목표를 이룰 수 있어요.

우리는 긍정적인 말로 스스로를 다독이며
끈기 있게 해낼 수 있어요.

나는 할 수 있어.

시간이 조금 걸릴 뿐이야.
난 꼭 해낼 거야!

힘들어도 난 계속
노력할 수 있어.

점점 나아지고 있어.
포기하지 않을 거야.

내가 해낼 줄
알았다니까!

결 승 점

# 목표

**목표**는 내가 이루고자 노력하는 그 무언가를 말해요.

목표를 이루려면 이렇게 해 보세요.

**목표**를 이루려면 힘이 들기도 해요.

어떤 때는 목표를 거의
이루었다는 느낌이 들어요.

어떤 때는 목표가
너무 멀게 느껴지기도 해요.

어떤 때는 처음부터
다시 시작해야 해요.

계속해서 노력하고, 난 해낼 수 있다고 자신에게 말해요.
그럼 반드시 이룰 수 있어요!

# 반인종차별주의

**반인종차별주의**는 인종 차별을 반대한다는 뜻이에요.

이 말을 이해하려면 먼저 인종 차별이라는 말을 알아야 해요.
인종 때문에 공평하지 못한 대우를 받는 경우를 인종 차별이라고 해요.
인종에 따라 대우를 더 좋게 받거나, 더 나쁘게 받는 일들이 종종 있어요.

인종 차별이 잘못된 것임을 알았다면
이를 막기 위해 노력해야 해요.

우리 주변에서 일어나는 공평하지 않은 일들에 관심을 가지면
**반인종차별주의**를 실천할 수 있어요.

우리는 가끔 자신도 모르게 인종에 따라
다른 사람을 판단할 때가 있어요.

때로는 우리도 인종 차별의 대상이 되기도 해요.

우리는 다양한 이야기를 듣고 배우며
더 나은 세상을 만들기 위해 함께 노력할 수 있어요.

# 소통

**소통**은 정보나 생각과 감정을 주고받을 때 잘 통하는 걸 말해요.

표정으로 감정을 전달해요.

몸으로 생각을 표현해요.

말하고 들으며 소통해요.

읽기와 쓰기로 생각을 전해요.

그런데 놀라운 사실이 하나 있어요.
아무 말을 하지 않는 것도 **소통**의 한 방식이라는 거예요.

말하는 사람에게 집중하면 배려하는 마음을 전달할 수 있어요.
이렇게 해 보세요.

하던 일을 잠깐 멈추기

얼굴을 마주 보기

상대의 눈을 바라보기

잘 들어 주기

# 실천주의

**실천주의**는 세상에 변화를 만들기 위해 행동하는 것을 말해요.
세상을 바꾸기 위한 실천 방법은 다음과 같아요.

1단계 - 문제 발견하기

2단계 - 해결 방법이나 문제의 심각성을 줄이는 방법에 대해 생각하기

3단계 - 직접 행동하기

## **실천주의**는 변화를 만들어요!

변화를 만들기 위해서는 많은 사람의 도움이 필요해요.
또 시간도 많이 걸리고, 수없이 노력해야 할 거예요.

하지만 한 사람의 생각을 시작으로 다 함께
한 발짝씩 천천히 나아가면 된답니다.

# 영감

**영감**을 받으면 무언가를 간절히 하고 싶거나,
만들고 싶은 생각이 솟아나요.

많은 것들이 영감의 샘이 될 수 있어요.

사람
예술
이야기
장소

## **영감**을 받으면

호기심과 창의성이 샘솟고 열정이 넘쳐요.

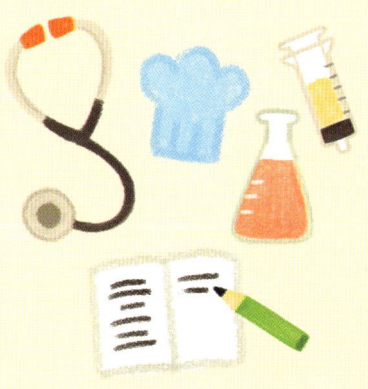

어떤 사람들에게 영감을 받나요?

어떤 장소에서 영감을 느끼나요?

어떤 예술 작품에서 영감을 얻나요?

어떤 이야기에서 영감을 받나요?

# 용기

**용기**는 마음에서 솟아나는 씩씩한 기운이에요.

용기가 생기면 어려운 일도 할 수 있어요.
용기를 내면 긴장과 걱정, 두려움이 생기는 일들도 해낼 수 있지요.

어떤 일을 처음 경험할 때 가장 먼저 드는 기분은 두려움일 거예요.
하지만 괜찮아요! 곧 용기가 생겨날 테니까요.

**용기**가 차곡차곡 쌓이려면 시간과 연습이 필요해요.

이렇게 해 보세요.

내 느낌을 말하기

"나는 할 수 있어."라고 스스로에게 말하기

천천히 숨을 깊이 들이마시고 내쉬기

한 번씩 그렇게 숨쉴 때마다
마음에서 용기가 샘솟을 거예요.

# 응원

**응원**을 받으면 마음이 한결 단단해지는 느낌이 들 거예요.
능력을 발휘하는 힘과 자신감이 생길 테니까요.

응원하는 방법에는 무엇이 있을까요?

새로운 기술을 알려 주기

성공을 축하해 주기

격려하기

나 자신을 **응원**할 수도 있어요.
그러면 스스로 한층 더 강해진 느낌이 들 거예요.

나 자신에게 힘을 실어 주고 싶을 때는 이렇게 말해 보세요.
"난 지혜롭고, 몸도 마음도 건강해."

더 힘찬 기분을 느끼고 싶다면 머리와 몸을 움직여 보세요.
스트레칭을 어떻게 하면 효과가 좋을까요?

# 자원봉사

**자원봉사**는 스스로 누군가에게 도움의 손길을 내미는 것을 말해요.

병에 걸려서 아픈 몸을 낫게 하려 애쓰며
힘든 시간을 보내는 사람들이 있어요.
또한, 음식이나 돈이 넉넉하지 않아 힘들어하는 사람들도 있어요.

이런 사람들의 힘든 마음이 한결 가벼워질 수 있도록
이렇게 도움을 줄 수 있어요.

모금하기

음식 기부하기

장난감 기부하기

청소하기

누구나 도움이 필요한 때가 있어요.

또한 누구나 도움을 줄 수 있지요.

내가 가진 기술과 보살피는 마음, 시간을 들여서
**자원봉사**를 할 수 있는 방법들을 알아보세요.

우리 모두에게는 지역 사회뿐 아니라,

전 세계에 있는 다른 사람들을

도와줄 수 있는 힘이 있어요.

# 자유

**자유**란 원하는 것을 할 수 있고, 스스로 선택할 수 있다는 뜻이에요.
나의 행복과 건강, 안전을 위해 무언가를 할 때
방해를 받지 않는다면 자유를 누리고 있는 거예요.

권리를 지키기 위해
자유를 보호하는 규칙과 법이 있어요.

건강하고 안전한 생활을 위해
자유를 제한하는 규칙과 법도 있지요.

**자유**에 대한 의견이 서로 다를 때가 있어요.
어떤 법이 공평하고 올바른지에 대해 생각이 서로 다른 거지요.

여러분은 어떤 종류의 자유를 중요하게 생각하나요?

안전하다고 느끼게 하는 규칙이나 법이 있나요?
어떤 규칙이나 법이 바뀌었으면 좋겠어요?

# 정의

**정의**란 사람들을 공평하고 올바르게 대하는 거예요.

정의를 실천하면 모든 사람이
저마다 필요한 것을 얻을 수 있어요.

누구나 안전한 집에서 살 수 있고, 자유롭게 말하고,
깨끗한 공기와 물을 마실 수 있어요.

모든 사람에게는 동등한 인권과 자유가 있어요.

한 사람이 부당한 대우를 받을 때도 있고,
또 때로는 여러 사람이 모인 집단이 부당한 대우를 받기도 해요.

**정의**를 지지하는 목소리는 강력해요.

다른 사람들과 함께 뭉치면 더 나은 세상을 만들 수 있어요.

더 공정한 세상을 만들기 위해
내 나름대로 어떤 목소리를 내면 될까요?

# 정직

**정직**하다는 것은 진실을 말하고
거짓 없이 행동한다는 뜻이에요.

정직하게 사는 방법은 정말 다양해요.

모든 진실을 말하기

잘못했을 때 인정하기

내가 네 장난감을 망가뜨렸어.

양심적으로 행동하기

정직하게 행동하는 것은 용감한 일이에요.

**정직**해지는 게 쉬울 때도 있고, 어려울 때도 있어요.

진실을 말하지 않으면 내가 무언가 잘못했다는 것을 알려 주는 마음의 목소리가 들릴지도 몰라요.
왠지 속마음이 간질간질하며 불편한 느낌이 들 수도 있어요.
안절부절못하거나 괜히 움찔거릴 수도 있어요.
진실을 말하고, 시간이 조금 지나면 기분이 훨씬 나아진답니다.

정직해지면 불편한 감정을 이겨낼 수 있고,
바르게 행동한 나 자신이 뿌듯해질 거예요.

# 참을성

**참을성**은 어떤 일을 오랫동안 침착하게 할 수 있는 능력을 말해요.

줄을 서서 차례를 기다릴 때는 참을성이 있어야 해요.

언제 참을성이 필요했나요?
시간을 견디기 위해 무엇을 했나요?

특히 다른 사람들과 함께 있을 때 **참을성**이 필요한 순간이 있어요.

누군가가 행동이 너무 빠르거나, 너무 느리거나,
너무 지저분하거나, 너무 시끄럽게 구는 것 같다고 느낄 때
참아야 하는 경우가 있지요.

다른 사람이 어떻게 느끼고 있을지 생각하면서 참을성을 연습해 봐요.
깊이 숨을 들이쉬고, "나는 참을 수 있어."라고 자신에게 속삭여요.

# 축하

**축하**할 일이 생기면 기념하기 위해 함께 즐거운 시간을 보내요.

우리는 한자리에 모여 서로를 향한 마음을 표현해요.

선물과 편지 준비하기

함께 케이크를 먹기

축하 노래 부르기

우리는 사회의 평화와 자유, 행복으로 이어지는
더 큰 성과들을 **축하**할 수도 있어요.

다양한 모습의
사랑을 축하해요.

가장 처음으로
한 것들을 기념해요.

한 뼘 더 성장한 것을
축하해요.

여러분은 어떤 특별한 날과 기념일을 축하하나요?

# 친절

**친절**은 배려심 있게 다른 사람을 잘 도와주는 상냥한 태도를 말해요.

친절을 베풀면 우리의 따뜻한 마음을 보여 줄 수 있고,
그로 인해 기분도 좋아져요.

친구와 간식을
나누어 먹기

이웃을 도와주기

몸이 아픈 친구에게
편지와 꽃을 보내기

오늘 내가 베풀 수 있는 친절 한 가지를 떠올려 보세요.

**친절**하게 자신을 대하는 것은 무척 중요해요.
우리는 스스로에게 사랑과 관심을 보여줄 수 있어요.

나 자신에게
친절하게 말해요.

우리의 몸을
소중히 여겨요.

나를 행복하게 만드는
행동을 해요.

오늘 나 자신에게 친절하려면 무엇을 하면 될까요?

# 타협

**타협**은 사람들이 서로 다른 것을 원할 때
이를 해결할 수 있는 방법이에요.

타협할 때는 서로가 조금씩 양보하면
각자 원하는 걸 조금씩 얻을 수 있어요.

서로 만족하기 위해서는 협력해야 해요.

서로 번갈아 가며
사용할 수 있어요.

함께 사용하기도 해요.

다른 해결 방법을
찾을 수도 있어요.

**타협**을 통해 우리는 다른 사람들을 존중하고
이해할 수 있다는 것을 보여 줄 수 있어요.

# 페미니즘

**페미니즘**은 성별과 관계없이 모든 사람이 공정하고 평등하게 대우를 받아야 한다고 생각하는 거예요.

옛날에는 여성이라는 이유로 남성과 똑같은 권리를 갖지 못했어요.
여자아이는 남자아이가 공부하는 것을 배울 수 없었어요.
그리고 여성은 남성과 같은 직업을 가질 수 없었고,
심지어 법을 만드는 사람에게 투표할 수도 없었지요.

오늘날 여성은 이전보다는 비교적 공정한 대우를 받고 있어요.
하지만 모두가 동등한 권리를 누리려면 아직도 갈 길이 멀어요.

**페미니즘**은 모두에게 더 공정하고, 안전하며 누구나 행복을 느낄 수 있는 건강한 세상을 만들기 위한 생각이에요.

여성을 비롯한 세상 사람들에게 관심을 가지고 공부하면 스스로에게 도움이 될 거예요.

여성과 관련된 책을 읽고, 텔레비전을 보고, 영화를 보면서, 이들이 세상을 어떻게 변화시켰는지 알아보세요.

더 나은 세상을 만들 수 있는 긍정적인 자극을 또 어디에서 받을 수 있는지 찾아보세요.

# 평화

우리의 마음이 평온하고, 안전하고,
편안하다고 느끼면 **평화**로운 거예요.

우리는 세계 평화에 보탬이 될 수 있어요.
서로 의견이 갈릴 때면 이렇게 해 봐요.

내 감정에 이름을 붙이기

잘 들어 주기

공감하기

타협하기

나에게 평화란 어떤 모습인가요?

마음의 **평화**는 또 다른 종류의 평화이며, 이것도 똑같이 중요해요.

마음의 평화는 우리가 스스로에게 다정하고,
인내심과 사랑을 베풀 때 생겨요.

마음의 평화가 있으면 나 자신을 있는 그대로 사랑하게 돼요!
스스로를 믿어 보세요.
날마다 성장하고 있다는 사실을 기억해요.
나는 내가 사랑받고 있다는 것을 알고 있어요.

나는 언제 평화롭다고 느끼나요?

# 협력

다른 사람들과 힘을 합쳐
무언가를 해내는 것을 **협력**이라고 해요.

우리는 가족, 교실, 지역 사회에서
한 팀으로 움직일 수 있어요.

팀으로 일할 때 우리는 서로서로 배울 수 있어요.

**협력**은 큰일을 해내는 데 아주 좋아요.

팀으로 움직이면 어떤 점이 좋을까요?

더 빠르게 일하기

능숙하게 문제 해결하기

다른 사람의 실수를 통해 배우기

함께 더욱 강해지기

# 협력자

**협력자**는 좋지 않게 대우를 받는 누군가를 도와주기 위해 나서는 사람을 말해요.

가끔 우리는 나를 지지해 줄 내 편이 필요해요.
내가 처한 상황이 좋지 않을 때 내 편이 있으면
이해와 보호를 받는 기분이 들지요.

어떤 때는 내가 다른 사람의 편이 되어 줄 수 있어요.

누군가를 돕기 위한 **협력자**로서 이렇게 할 수 있어요.

분명하게 말하기

그건 아주 못된 말이야.

잘 들어 주기

우리는 다른 사람에게 친절을 베풀고,
공평하고 올바른 것을 지지할 수 있어요.

# 환경 보호

**환경 보호**란 지구의 자원을 낭비하지 않고, 환경을 깨끗하게 하기 위해 노력하는 것을 말해요.

물은 지구에서 가장 귀중한 자원 중 하나예요.
몸을 씻거나 청소할 때 그리고 목이 마를 때도 물이 필요해요.
우리가 먹는 음식부터 몸에 걸치는
모든 것을 만들려면 물이 필요하지요.
동물과 식물에게도 물이 꼭 있어야 해요!

우리는 평소에 물을 아껴 쓰기 위한 작은 실천을 할 수 있어요.
지구를 위한 아주 작은 행동도 매일 반복되면
큰 변화를 만들 수 있어요.

**환경 보호**는 지구를 도울 수 있는 중요한 방법이에요.

양치질하는 동안에는
수도꼭지를 잠가서
물을 절약해요.

내가 마실 만큼만 물을 따라요.
물이 남으면 버리지 말고,
집에서 키우는 식물에게
나누어 주어요.

빗물을 모아 다시 사용해요.
빗물을 어디에 쓰면 좋을지
집 밖을 한 바퀴 둘러보세요.

# 휴식

**휴식**은 하던 것을 멈추고 잠시 쉬는 것을 말해요.
쉬는 방법은 여러 가지가 있어요.

그림을 그리고
색칠하며 쉬어요.

강아지나 고양이,
또는 부드러운 담요를
쓰다듬으며 쉬어요.

바람에 흩날리는
나뭇잎을 보면서
쉬어요.

빗소리나 음악을
듣기도 하고,
책을 보며 쉬어요.

**휴식**은 중요해요.

몸과 마음의 긴장을 풀고 여유를 찾을 수 있거든요.

다시 다른 일을 할 수 있는 힘이 생기기도 해요.

놀기

사랑하기

배우기

더 나은 세상을 만들기

여러분은 어떻게 쉬는 것을 좋아하나요?

# 희망

**희망**은 무언가를 간절히 바라는 마음이에요.

특별히 기다리던 날이 다가오면 기대감과 희망으로 가득해져요.

날씨가 맑아지기를 희망해요.

반딧불이를 잡고 싶다고 희망해요.

별똥별을 보고 싶을 때에는 소원을 빌고,
그 바람이 이루어지면 좋겠다고 희망해요.

우리는 작은 것을 **희망**하기도 해요.
이번 주에는 무엇을 하고 싶은가요?

또, 우리는 큰 것을 희망하기도 해요.
앞으로 이십 년 후 어떤 일을 하고 싶은가요?

# 부모를 위한 가이드

말은 중요해요. 아이들이 자신의 감정이 어떤지 표현할 수 있는
어휘력을 갖추면 자신을 더 잘 이해하고, 다른 사람들과
효율적으로 소통할 수 있어요.

또한 아이들과 소통하며 서로 이해하는 공동체는
훨씬 더 단단해질 수 있지요.

아이들이 자신과 자신이 속해 있는 공동체를 믿게 되면,
모두를 위해 더 나은 세상을 만들 수 있는 영감을 얻어요.

이 책은 부모나 선생님이 아이들에게 설명하기 까다로운 단어와 개념을
조금 더 쉽게 설명할 때 참고할 수 있도록 만들어졌어요.

이 책을 어떻게 이용하면 좋을지 정확한 방법은 없답니다.
책에 실린 말들을 활용해서 아이들과 나누는 대화의 출발점으로 삼거나,
이미 나누고 있던 대화에서 생각을 더욱 빛나게 하거나
명확하게 하기 위해 활용할 수 있어요. 이 책의 쓰임새가 어떻든
아이들로 하여금 자신과, 주변 세계를 더 잘 이해할 수 있기를 바랍니다.

또한, 이 책을 통해 세상이 발전함에 따라 언어도 발전한다는 것을
알려 주고 싶어요. 현시대의 흐름과 상황에 맞고,
아이들의 연령에 어울리는 정의를 담기 위해 최선을 다했습니다.
말의 미묘한 느낌은 시간이 지남에 따라 변하기도 하므로
부모와 아이들이 함께 계속 읽고, 배워 나가면 더욱 좋을 거예요.

가장 중요한 것이 무엇인지 알려 준
레오와 오스카를 위해 - J.R.D.

항상 저를 지지하고 영감을 주신
할머니를 위해 - A.D.

The Little Book of Words That Matter © 2023 Lucky Cat Publishing Ltd.
Text © 2023 Joanne Ruelos Diaz
Consultancy by Wynne Kinder
Illustrations © 2023 Annelies Draws
First Published in 2023 by Magic Cat Publishing, an imprint of Lucky Cat Publishing Ltd.
Korean translation rights © 2023 Book21
Korean translation rights are arranged with Lucky Cat Publishing Limited
through LENA AGENCY, Seoul
All rights reserved

이 책의 한국어판 저작권은 레나 에이전시를 통해 저작권사와 독점 계약한 ㈜북이십일이 소유합니다.
저작권법에 의해 한국 내에서 보호를 받는 저작물이므로 무단 전재와 무단 복제를 금합니다.

## 어린이 첫 사회성 사전

글 조안 루엘로스 디아즈 | 그림 아넬리스 | 옮김 서남희

**1판 1쇄 인쇄** | 2023년 12월 13일
**1판 1쇄 발행** | 2024년 1월 15일

**펴낸이** | 김영곤 **펴낸곳** | ㈜북이십일 을파소
**키즈사업본부장** | 김수경 **기획편집** | 김경애 서문혜진 박고은
**아동마케팅영업본부장** | 변유경 **아동마케팅1팀** | 김영남 정성은 손용우 최윤아 송혜수
**아동영업팀** | 강경남 오은희 황성진 김규희 양슬기 **디자인** | 이찬형

**출판등록** | 2000년 5월 6일 제406-2003-061호
**주소** | (우 10881) 경기도 파주시 회동길 201(문발동)
**전화** | 031-955-2100(대표) 031-955-2109(기획편집)
**팩스** | 031-955-2122
**홈페이지** | www.book21.com
**ISBN** 979-11-7117-176-7 (73190)

* 책값은 뒤표지에 있습니다.
* 이 책 내용의 일부 또는 전부를 재사용하려면 반드시 ㈜북이십일의 동의를 얻어야 합니다.
* 잘못 만들어진 책은 구입하신 서점에서 교환해 드립니다.

• 제조자명 | ㈜북이십일
• 주소 및 전화번호 | 경기도 파주시 회동길 201(문발동) / 031-955-2100
• 제조연월 | 2024.1.15.
• 제조국명 | 대한민국
• 사용연령 | 4세 이상 어린이 제품